JN437986

시울림동인 9

비탈길에 서면

http://cafe.daum.net/koreanpoetsbest

을지출판공사

■ 인사말

비탈길에 서서

회장 윤수아

벽돌로 집을 짓듯이 시어(詩語) 하나하나를 쌓아 완성해 가는 한 편의 시! 으스름한 저녁, 길을 가다가 희미한 불빛이 비치는 창문으로 새어나오는 아이들의 재잘거림에서 시상(詩想)이 떠오를 때 우리는 그 언어의 집을 동경하게 됩니다. 문학은 언어로 세운 집입니다.

코로나19라는 전대미문의 바이러스(Virus)로 지구촌이 공포에 휩싸인 채 3년이란 시간이 훌쩍 가버렸습니다. 그동안 우리는 만남을 멈춰야 했습니다. 그리고 거리를 두고 지켜봐야 했습니다. 우리 시울림 동인들은 문학인으로서의 자세를 잃지 않으려 각자의 자리에서 노력하며 오늘을 기다렸습니다. 3년여의 공백을 뚫고 시울림 동인지 9집이 탄생하려 합니다. 2022년 11월의 오늘, 우리들의 가슴은 뛰고 있습니다.

인공지능이 인간의 감성을 지배하는 시대에 우리는 살고 있습니다. 인간의 이성과 감성이 빚어낸 예지의 결정체인 이

숭고한 문학을 좀더 업그레이드 시키기 위해 우리는 무엇을 해야 하는가. 할 일이 많이 남아 있음을 절실하게 느낍니다.

문학은 멈춰 있어도 움직임을 보고, 보이지 않는 곳에서도 표정을 발견하는 것, 시울림 동인지 제 9집 『비탈길에 서면』에 선보이는 우리 동인들의 작품에서 그런 표정들이 보입니다.

우리 동인들은 사는 곳도 참 다양합니다. 서울을 비롯하여 용인, 화성, 천안, 보령, 멀리 횡성과 제주도까지…. 너무나도 멀리 있죠? 하지만 마음만은 아주 가까이 있답니다.

2022년도 참 다사다난했습니다. 정권이 바뀌고 새 임금이 나고 세상은 급변하고 있습니다. 정체불명의 핼러윈 축제라는 귀신놀음에 우리 젊은 생명들이 희생양이 되어 스러져 간 어처구니없는 사고가 우리를 슬프게 합니다. 2023년은 코로나 바이러스도 서서히 자취를 감추고 우리가 마음 놓고 숨 쉴 수 있는 아름다운 세상이 펼쳐지기를 간절히 소망해 봅니다.

제9집 『비탈길에 서면』이 탄생하기까지 함께 이 길을 걸어가는 9명의 소중한 동인들에게 고마움을 전합니다.

2022년 11월 26일

차례 Contents

이 준 실

- 문예사조 시부문 등단
- 한국문인협회 회원
- 시울림동인회 사무국장
- 직업상담사
- 3P 자기경영연구소 마스터
- 한국에니어그램 상담사

■ 손폰 ; 010-8865-5343

■ e-mail : leejs810@hanmail.net

예순살의 광세

열 살 즈음에는
친구들과
정신없이 뛰어놀다가
엄마가 부르시면
집에 들어왔다

스무 살에는
기도와 찬양 속에서
하루하루 간구했다

서른 살에는
결혼하여 연년생 출산으로
혼미한 시간들을 보내며
엄마가 되었다는 사실을
아이들을 보며 배워 갔다

사십 대는
책을 읽고

강의하고
배우는
시간들에 몰두했다

오십 대는
살아온 경험으로
도우며 살아가게 되었다

이제 예순 살
내 안에 그려진
그림의 빛깔을 바라보며
그 색이 속삭이는
삶의 의미를 생각한다

엄마의 노래

나직이 들려오는
입을 다문 콧노래
차분하고
편안한 소리

가슴 깊숙이
들어오는
찬송가 음
삶으로 깨어나는 소리

물 흐르는 소리
도마질 소리
그릇 부딪치는 소리
그리고
나지막이 들려오는
가곡
증조할머니와 증손자

형형색색
단추가
단추통에서
준영이와 눈이 마주쳤다

와르르
바닥으로
엎어지는 단추를
바라보며
환호하는 준영이와
증조할머니가
마주 앉았다

단추의 사랑은
증조할머니와 증손자의
놀이마당에
가득 퍼져갔다

하고 싶은 일과 거리

무수히
많은 거리를
가늠해 본다

저울질하며 간격을
좁혀보려 하지만
언제나 가까운 거리에
내가 찾는 일은 없다

준비된 일의 자리는
먼 거리에 출발을 위한
기회가 숨겨져 있다
그러나 그 일은
나를 넘어서는
초석인
경우가 대부분이다

순리

흔들 흔들
힘들고
절망스러운 시간도
시간이 지날수록
오뚝이 되어
서서히 멈춰진다

졸졸졸
얼음장 아래로
혼란과
어둠이
자연스레
녹아 내린다

샛별
하르르 하르르
쏟아져 내리면
어둠은 별빛을 삼키며
조심스레 사라져간다

책의 동행

책을 읽는
사람들은 아름답다
그 책을 나누어주며
함께 읽고 싶어 하는
사랑을 전해준다

삶에서
풀리지 않는
난관을 만나
어찌해야 할지
앞이 보이지 않을 때
네 가지 질문을 통해
가슴을 쓸어내린 친구가
그 경험을 나누고 싶어
예순 살 맞이하는 날
집 앞으로 책을 전해준다

물음으로 시작되는
삶을 전하는 전하는
마음의 넉넉함이
울림으로 전해진다

직업과 빈곤

직업은 일이요
빈곤은 할 수 있는 것을
하지 않는 마음이다

창공을 훨훨 날아가는 새가
지상으로 내려앉을 때
잠시 브레이크를 잡듯
속도를 조절한다

직업을 가지려
하지 말고 일을 하자
속도를 조절해서
스스로 지치지 않는
노력 정도는 하자

할 수 있는 마음이
먼저 올라오거든
그 일을 하자

하고 난 이후에
올라오는 마음을
발견할 수만 있다면
직업을 가진 것이다

비탈길에 서면

오르기가
두렵고
내딛기가
힘들다

그렇게 덜덜 떨다가
내 선택이라는 사실을
인지하지 못한 채
상황만을 힘겨워했다

한 발 디디고
두 발 올려
내딛는다

실려오는 무게가
비탈을 타고
엉겨 붙는다

비로소 지나온 길
스치는
바람은 은총이었다

철모르고 피었어요

장미가
초겨울 문턱
양지쪽에 피었습니다

앞다투어 계절에 순응하며
꽃을 피워야 할 때
왠지 피울 수 없었습니다

아름다운 오월을
녹음 짙은 유월을
어정칠월 지나
건들팔월 지나고
동동구월마저 보내고

어허
누가 뭐라 해도
내 계절은
지금 여기라고

고개 내밀며 속삭입니다

농익어 짙어진
그 색을 지녀야
비로소
꽃을 피워내는 것
존재의 이유입니다

추석과 어머니

어머니 계시는
태릉 오고 가는 길은
막힘없는
길이어서 좋았습니다

그대로 계셔주시는 어머니를
꼭 안아드리며 참 작아지셨구나
오늘 이후 몇 번 한가위를 맞이하실까
길게 안아드렸습니다

이제 나도 며느리가 생겼습니다
내 생일을 위해 종일
음식을 만들어
차려준 밥상 앞에서
말을 잊고 흔들리는 내 눈동자
어머니 뵙고 나오며
구름 사이로 빼꼼히 고개 내민 달이
내 곁에 팔짱을 낀 내 며느리
팔에 깊숙이 스며들고 있습니다

권 용 태

- 서울 수도여자고등학교 명예퇴임
- 문예사조 등단
- 시서문학 시부문 신인 문학상 수상
- 대한민국 미술대전 입선
- 해동서예대전 우수상

■ 전화 : 010-4704-7099
■ e-mail : jukgok2729@hanmail.net

소사리 난 이야기

백로 새 날아올라
잎새에 진 미소

날갯짓 벼르는 꽃망울에
향기는 한 올 바람이어라

대궁에 오른 물맛이 무심하여
망연히 열리는 봉오리도
앞산을 닮아 가는 중

나도
이 물 마시며
저 산 보고 있으니
우린 한 식구네.

토왕성 폭포

어여쁜 몸매를
능선인 듯 날리우는 여인이여

설악이나요
실비단 허리띠
천 길 벼랑에 두고
주천강 여울로 나오셔요

산 개울 마중물 보내오니
돌아 돌아
내게로 오셔요

눈 덮인 골
산방에 핀 꽃철쭉
그대에게만 보여주리

발자국

눈 쌓인 밤,
맑은 하늘에 달도 참 밝다
하얀 마당을 안고 걸으면
달은 입술이 되고 발은 시를 쓴다

눈 쌓인 아침마당
시 사이로 서성거린 발자국
고라니가 쓰고 간 거야
눈 덮인 마당 춥기도 하여라
배고픈 고라니는
텅 빈 겨울산 아픔이어라

짐승들에게 눈 덮인 산처럼 끔찍할까
곡식 낟알이나 음식찌꺼기를 기대하고
마을로 내려오지만
사람들이 닫고 파묻긴 눈 쌓인 산이나 마찬가지
아침마당엔
내 거닐던 발자국 사이로 짐승 발자국이 보인다

혜성 꼬리처럼 산으로 끌려간 녀석
뒤끝은 그의 지친 심신

달과 별과 눈을 노래하는 나
버려진 먹이라도 꿈꾸며 내려온 녀석들
눈이 내릴 때마다 마당에는
산짐승과 내 삶의 숨결이 두 발자국으로 연출된다

제목으로 '빈부격차' 와 '발자국' 사이를
오가기도 했던가
마을이 들어서기 전엔 그들의 땅이었다
울타리 두르고 텃밭이 넓어지며
그들은 산으로 자취를 감추었고.

어디
그 일들이 여기뿐일까.

간밤에 벌어진 일

발정난 고라니
엊저녁 내내 울더니
짝을 잘 만났는지 몰라
아침 뻐꾸기 소리 들어보니
저 녀석
간밤 일을 다 알고 있는 거야

장작더미에 숨어든 들고양이
목덜미 넝쿨진 이빨자국이
모진 놈 만난 듯
개울의 다급한 흙탕물은
간밤 그 일을 다 본 거야

산방 벼루에 밤비 차올라
갈아도 갈아도 묽은 먹물
나무 심고 바위까지 그렸으나
물안개만 자욱한 화선지는

엊저녁
주천강 일을 말하고 싶은 거야

주천강

밤비 고인 웅덩이
개울 따라 물결 지면

출렁 출렁
강이 숨 쉬는 소리
벌컥 벌컥
산이 물 먹는 소리

밤비 고인 웅덩이
추억 따라 냇물 지면
모락 모락
당신 앞으로 줄불 켜는 연봉

아,
밤비 그치는데
내 사랑 지금쯤
그대 앞산을 지피는가

여기는
그리움 추스르는
주천 강이야.

섬강 이야기

밤의 허물을 벗고
계곡을 나서는 물소리

태기산이
아침햇살 쥐어주며
이 자유를 가져가렴
가는 곳마다
생명의 물로 넘치렴

저기 여울물에
역류하는 은빛 낌새구나
동심원을 쏜 왜가리 주둥이에
살진 물고기네

어답산 능선의 선율인 듯
횡성호 물결의 여파인 듯
소떼

물 먹는 들녘을
섬강이 비암처럼 흐른다

시 · 1

모락모락
산방의 굴뚝연기

골짜기 그리며 오르다
능선 잣나무에 머물면
연기인지 구름인지

산마루 그리며 오르다
푸르른 허공을 덧칠하면
하늘일까 영감일까

모락모락
산방의 굴뚝연기

골짜기에 앉거나
산 봉우리 두르다가
하늘로 오르면
그림일까 시일까

시 · 2

소낙비 내린 뒤
달이
젖은 땅에 그림을 그린다

접시꽃 아래
빗물 터는 망초

복숭아 하얀 살을 보고
짖어대는 멍멍개

숲 그늘 숨어서는
또랑물이 재미지게 흐른다

나는
달의 그림을 보거나
달이 들려주는 얘길 듣다가

빗물 든 산이
생수 우려내듯
그제야 시를 쓴다.

망초꽃 주천강

마을길 따라
언덕길 따라
몽글몽글 꽃내음

저희끼리 수군대거나
이웃 들꽃과도 어울리다
일시에 지르는 함성

자잘한 소리들
송이마다 셈하여 보니
귀 기울이면 떼창인데
맡아보니 향긋하네

골마다 재미진 이야기
개울마다 꼬리 문 망초꽃
주천강 햇살에 여울져
안흥장 구경하러 다 모였네

최 정 숙

- 필명 : 운우(云又)
- 2009년 7월 문예사조 등단
- 한국문인협회 회원
- 계간문예 중앙위원
- 시섬문협 부회장
- 시울림동인지 『허공의 춤』 외 공저 다수
- 시섬문협 동인지 『모자이크』 외 공저 다수
- 시집 : 『문패를 달면서』

■ 전화 : 010-2265-6095

■ e-mail : i-237@hanmail.net

백재골

석탄 광산이었던
깊은 산 속
*청천 호수 옆길로
터널 뚫렸다

3,300v 고압
공기 압축기
100마력짜리 두 대
75마력짜리 한 대
밤낮 돌아갔다

중년의 아버지와
21살 갈래머리 땋은 딸
기계 운전하고
틈나면 바둑 두거나
기계실 한 쪽 책상에서
셰익스피어와 연애도 했다

일요일이면 아이들
마을에서 올라와
종일 소나무 그늘에서
교과서 펼쳤다 오므렸다
저희들끼리 재미있게 놀았다

아버지의 자부심
책가방 여섯
저녁 노을 바라보는 어깨에 힘 실려
발걸음이 가벼웠다

졸업장과 학위증 받을 때마다
모진 세상 살얼음판 건너온
상처투성이 가슴
처방전 되었다

백발 성성한 딸
아버지 옛 작업장 찾았다

기계 고정했던 콘크리트 볼트 보였다
그 녹슨 볼트에 비친 뭉툭한 손
와락 눈물이 돌았다

*백재골 : 충남 보령시 성주면 소재 폐광된 골짜기
*청천 호수 : 충남 보령시 청라면 소재

궁남지 연꽃

너는 볼수록
엄마를 닮았다
흙탕물에 물들지 않고
꼿꼿한 꽃대 세워
장한 꽃 피운다

인당수에 빠진
심청을 구했으니
너는 의인을 닮았다

폭우가 쏟아져도
젖지 않는 높은 기개
선비를 닮았으니
너와 놀던 바람도 향기롭구나

흑갈매기

피서객 북적대던 바닷가
서늘해진 백사장 아침
갈매기 한 무리
고향 그리워
같은 곳 바라보고 섰다

치매 걸려 걸핏하면
고향 가신다고
길 나서던 아버지 생각난다

태어난 지 이틀만에
100여 미터 절벽에서 뛰어내려야
살 수 있는 흑갈매기

고향에서
태풍에 실려
차령 발치에 닿은 지
반세기 넘고

숨쉬기 바빠
춥고 더운 줄 모르고
앞만 보고 파닥였는데

복슬강아지
칠 남매 사냥 잘하고
집 잘 지켜
이제 고향 갈 수 있는데

가벼워지고 작아져
국화꽃 이불 덮고
강아지들 울음 참는 소리
못 듣고 누웠던 아버지

강아지 한 마리
서리 내린 머리 이고
처연하게 살다간 아버지
나직이 불러본다.

궁남지 서동 연꽃 축제에 와서

와 보고 싶었던
「서동 연꽃 축제」
서동과 선화공주 사랑이야기

굳어버린 가슴에 부레 달고
천 사백여 년 강물 거슬러 올라간다

화지산 아래 우뚝 선
「백제 오천 결사대 출정 상」 앞에 서면
계백장군 피끓는 호령
가슴 미어지고

황포돛배 평화로운 부여
지금도 울분 삼키며
끊임없이 흐르는 백마강

무너진 한 짓누르며
야무진 백제의 혼
세계로 발돋움 한다

점심시간

무서운 코로나19 견디고
안심하려는 틈에
러시아와 우크라이나
무모한 땅따먹기로
치솟는 물가
내리막 치기 선수 된
코스피 코스닥
민생보다 밥그릇 싸움
더 열심인 정치판

어릴 적 집안 어른들 손들 모아놓고
틈만 나면 반듯한 언행일치
강조하셨다
가난해도 그렇게 사는 게
잘 사는 것이라는
뼈대 있는 집안 타령
듣기 싫었다
그래도 그렇게 사는 줄 알았다

월급은 그대로인데
점심값 치솟았다
갈비는 아니라도
뼈해장국은 먹어야지
그래도 뼈대 있는 가문이라는데...

선풍기의 말

가을이다
태어나서부터 쉬는 날 없이 달렸다
과부하로 머리가 지끈거려도
휴가도 없이 견디어 냈다

지금부터 휴직이다
용도 폐기되지 않고
내 자리 간수해서
뿌듯하고 자랑스럽다

기상천외한
친구들의 장기자랑
시시각각 세상이 변하니
방심하면 큰일 난다

오늘의 친구가
내일은 상전이 될 수도 있다

쉬는 동안 많이 고민할 것이다
잘 살아남기 위해

손톱을 깎으며

다 쓰고 구석에 던졌다

작다고 깔보지 마라
내가 쓰리 쎄븐이다
작아도 하는 일은 야무지다
덩치 작고 힘없어
이리저리 밀려도
맡은 일 깔끔하게 잘했다
너는 일등 해봤냐?
너희들이 작다고
무시하는 동안
소리 없이 땀 흘려
세계에서 제일 많이 팔리는
손톱깎이 되었단다

법성포

백제 불교 최초 도래지
모시떡 · 굴비 소문 났지

가랑비 오는 저물녘
마라난타 존자 따라온
간다라 건축 양식
낯설어 반갑다

뜻밖의 불교 성지 만나
반가워 합장하니
굴비정식 모시떡
늦어서 못 먹어도
기쁘고 배부르다

멀리 영광대교
밤비 맞으며
합장하는 이
대견스레 바라본다

모르는 길

모르는 길
신비롭다고 말하지
사철 향기로운 꽃 피고
풍성한 과일
주렁주렁 열린다지
어디에도 없는 절경이라지

모르는 길 위험한 길
향기 진하고
아름다운 꽃일수록
치명적인 독초
벼랑끝에 피어 있었지

풍성한 과일나무 아래
맹수와 독충들 우글거려

신비한 길
전쟁하듯 가는 길
모르는 길

정 미 나

• 시울림동인
• 純하게, 柔하게, 溫柔하게

■ e-mail : limeolive@naver.com

겨울 여행

바다로 떠나는 기차를 탔다.
그곳으로 갈 때는 이정표는 필요 없다
젖지 않을 기억만 가지고 가서
녹지 않을 추억을 되새기며
가슴 바람 이겨 낼 방패 그거 하나쯤
챙겨가면 되는 것이다.

파도가 출발 소리를 내면
소설처럼 들뜬 맘으로 단순한 노선을 정하고
머나먼 섬을 향해 꿈꾸었던 안락의자를
서슴없이 내려놓기 위해
첫 번째 정차역에선 나의 고달픈 기억을
모두 하차시킬 것이다.

3월이 오면
그대 마음 바스락거리는 낙엽 되어 낙상했던
가을을 떨쳐 버리고

난 그리움 키우고 싶은 그대와
이정표 없이 떠날
봄이 오는 기차를 타고 싶다.

5월 8일에는

나는
울 엄마가 좋아하시던 꽃을
한 다발 안고 왔고
딸은
내가 제일 좋아하는 꽃을
한 아름 엮어와 내 품에 안겼다.

나도
오늘만큼은
울 엄마 품이 몹시 그리웠나 보다.

흔적

끝이 없는 가혹한 이별이다
어쩌면 인내할 수 없는
실연의 형벌 속에 우릴 가뒀는지 모른다
그리워서 또 그리워서
가을비도 슬픔 터진 바다가 되어
흐르고 또 흘려야 했다

뼈아픈 육신을
좋아하던 코스모스에 싣고
영원한 바람으로 살고 싶은 마음으로
아픔 모르는 새가 되어 날고 싶은 간절함으로
50대 마지막 계절을 구걸도 하지 않고
부모님 곁으로 먼저 떠나버린 둘째 언니

삶의 아름다운 가을을
생의 마지막 장면으로 남긴 채
세상 모든 인연에게 실연의 눈물 남기고
재회 없는 이별로 떠난 가혹한 언니의 현실
그래서 그리움 이기지 못하는 우리의 현실.

사랑을 읽는 가을

오늘
가을꽃처럼 웃고 있는
그대를 만났습니다

노랗게 물든 잎들이
봄꽃처럼 피어나 기억을 흔들고
가을의 꽃말을 던지는 바람이
내 마음 들출 때마다
빛나는 억새꽃의 눈부심처럼
반짝이는 그곳에 나의 그대가 있었지요

사랑하는 마음과
좋아하는 마음이 만나는 계절

오늘은
그대에게 가는 지름길을
나도 모르게 찾고 말았습니다.

마음

내 마음의
좋은 것들로 그리는
너라는 꽃

들리니?
내 마음의 소리가

보이니?
내 마음의 손결이

내 마음의
행복한 것들로 피워 낸
나의 꽃

3월의 내 아가야.

–수험생 딸에게

필름 한 조각

서랍을 정리하며
그 시절이 툭
내 손으로 들어온다

가을밤의 별처럼
잊을 수 없는 추억과
이제는 가질 수 없는 시간이
쏟아진다

한 조각 필름으로 살아 있는
그 시절의 나와 우리들

저 멀리 도망간 모진 시간 속
엷은 미소로 웃고 있는
내 손을 잡아 보기도 하고
어느덧 그리운 사람들
다시 가보고 싶은
커피 향 가득한 추억이 말을 건넨다

수분을 가득 채운 아침처럼
설레었던 감각들을
사진 속에서 찾아내고
단내 가득 품은 홍시처럼
서랍 속은 언제나 웃고 있었던 모양이다

서랍을 열어보니
가을밤의 별처럼
은빛 고기떼 힘찬 물결처럼
나의 뜨거운 시간이 쏟아진다.

사랑

세상
가장 아름다운 꽃은
그대라는 이름을 지녔다

세상
가장 행복한 꽃은
사랑이라는 꽃말을 배운다.

이 인 빈

• 한국문인협회 회원
• 시인
• 시울림동인

■ 전화 : 010-7757-0460
■ e-mail : babobin@daum.net

시든 풀의 노래

어떻게 살아 왔는지 모른다
안간힘으로 땅을 밀고 올라와
여린 고개 간신히 내밀었지만
한 줌 햇살은 언제나 버거운 꿈
그 흔한 꽃 한 송이 달지 못하고
벌 나비 부를 향기조차 없으니
맺고 드리울 열매가 어찌 나의 무늬이랴
한 구석에서 잊힌 듯 묻혀 살았지만
가는 목숨 그 누구보다 뜨겁게 살았다
기다리지 않아도 계절은 찾아오고
모두 색색이 아름다운 목청으로
제 길 가는 이별노래 부를 때
난 아무 것도 보여 줄 게 없다
조용히 내 치열했던 삶의 흔적을 안고
벌판 건너온 바람에 여윈 몸을 누일 뿐
아무 미련 없다

시든 풀의 노래가 노을을 탄다.

단풍

절정이다
모든 걸 쏟아놓고 허물어지려는 듯
흐벅지게 차오르는 오르가슴
그 죽음처럼 텅 빈 허탈함을 어쩌라고
저리 지랄같이 붉은가
무슨 낯으로 하늘 이고 살려고
이제껏 감추었던 속살 드러내는가
파들거리던 열정 식으면
떠나갔던 후회가 나풀나풀 돌아와
발밑에 수북이 깔릴 텐데
어쩌라고 저리 환장하게 고운가

햇살이
숨가쁜 햇살이
붉게 치를 떠는 가을을 얼싸안고 뒹군다.

연말정산

흔적 없는 삶들이 숫자로 남았다

바람과 햇살
사랑과 미움으로 분주했던 마음
계절 따라 뜨고 진 수많은 이야기
길가에 두고 온 인연들은 어떤 숫자로 계산할까

더 써버려 물어주어야 할 하루가 있을까
미리 떼어놓았다
나중에 돌려받을 수 있는 세월이 있을까

내 인생 마무리 하는 날
무엇을 더하고 뺄 수 있으리
삶이란
더도 덜도 없이
하루하루 마감하며 살아가는 것

물끄러미

빼곡한 숫자들을 들여다보며
조그만 욕심들에 어지럽던
연말정산을 정산하고 있다

내 마음을 정산하고 있다.

풍장(風葬)

말린 꽃이 오래 가듯
사랑도 그렇게 말려야 하리
물기 끊어져야
녹색 잎 색깔 고운 단풍 되듯이
사랑도 그렇게 눈물 벗어야 하리

색 바랜 흑백사진이 더 깊은 이야기 들려주고
가벼워져야 비로소 제 몸 떠나는 홀씨마냥
이별도 세월에 말려야
지나온 혈맥 뚜렷이 드러나고
파인 상처 굳어져
들여다보아도 아프지 않은 그리움으로 돌아오리

흰 뼈 드러나도록
질척이는 애증의 습기 버리고 바람 속에 누운 이여

온 곳으로 돌아가는 몸
낙엽 한 장
꽃잎보다 투명한 주검으로 진다.

금오도

멀지 않아도 먼 섬

그 섬에 가거든 그대
소리 없는 안개로 흐르라
머물지 않는 바람으로 머물고
흔적 없는 파도소리로 걸으라

비렁길 걷다
바다안개 섬 허리 넘어 오거든
발길 멈추어 아무 미련 없이 길 내어주라
인생 어느 길 앞 다툴 길 있던가
걷다 지치거든
바람 쉬는 곳에 머물다 바람 따라 일어서라
머무는 곳 또한 그 바람 따라 흐르리니
삶 어느 곳에 영원히 머물 곳 있겠는가
함께 걷는 파도소리
그저 물끄러미 바라볼 마음만 가지고 가라
석 달 열흘 그대 핏줄 속에 푸르리니

멀어도 멀지 않은 섬
금오도
내 안에 그리움으로 떠 있다.

모과

매력이라곤 없다
짱구머리 얽은 얼굴
거친 살갗에 주근깨까지 피었다
어디 하나 예쁜 곡선 없는데
그 몸매 푸근하고 숨소리 순하다
꽃잎 지면서부터 평생 받아온 손가락질
안으로 안으로 속살 굳어져
가지 떠나도 자태 함부로 허물지 않는다
계절 깊어갈수록 그윽해지는 눈빛
우려내야만 느낄 수 있는 은은한 속정
혀끝으로 사라지는 유혹의 맛이 아니라
한구석에 놓여도 온방 가득 채우는 향기
옷자락에 스미는 음미의 멋이다

사람이나 과일이나 겉으로 어찌 알리
오롯이
함께 지내보아야 알 일.

벌초

오랜 무관심이 관심으로 바뀌는 날

검고 억센 집착과 빼곡한 욕심들이 수풀처럼 자랐다
하얗게 잘려나가는
아쉽지도 아프지도 않은 시간의 꺼풀들
깎는 이도 깎이는 이도 말이 없다
나와 같은 당신
끝내는 같아질 우리
고요한 숨소리만 깊어간다

잠깐 나였고
얼핏 나인 듯하다가
결국 내가 아닌 것으로 떠나가는
내 것이면서
내 것 아닌 모든 것들의 추락

짧은 관심을 무관심으로 바꾸며
맨드름한 머리로 이발소 문을 나선다.

비눗방울

바람으로 태어나 바람으로 죽는다

어디에도 앉을 수 없고
쉴 수도 머물 수도 없다
무언가에 닿는 그 순간이 마지막인
끝 정해진 얇디얇은 생명
안간힘으로 떠올라
잠시 바람 따라 흐르다 스러져야 할 숨결

크게 만들어졌다고 좋아할 필요 없다
그건 그만큼 무거워진 욕망으로 더 빨리 추락할 뿐
찬란한 무지개 품었다고 자랑할 필요도 없다
그건 햇살이 만들어 주는 잠깐의 허세
어디로 언제까지 날아갈 수 있을까
크든 작든 모두 같은 바람결에 실려
앞서거니 뒤서거니 사라져 갈 뿐

비눗방울들이 손녀딸 입김으로 허공에 뜬다

내 일생도 그 중에 하나
자그만 동그라미로 동그랗게 흐른다

가볍다.

낮술

영화보고 나오는데
글쎄 눈이 펄펄 날리잖아
어쩌겠어

창밖에 내리던 비가
그만 내 마음 속에 죽죽 퍼붓잖아
이런 날 흔치 않아

술 취해 비틀거려 본 적 없는 놈은
인생의 반은 헛산 거야
휘청이며 앞으로 한 발 내딛는 게 인생이지

시(詩)가 별건가
술잔 속에 담긴 눈물 건져 올리면
그게 시(詩)지

안주 찾지 마
이 좋은 세상 낮술로 잊으려는 내가 안주지
괜찮아 괜찮아
낮술 한 잔 하고 가.

백 경 희

- 필명 : 동루
- 보령 출생
- 전 도서관 근무
- 월간 문예사조 등단
- 한국문인협회 회원
- 시집 : 『꿈꾸는 돌』 외 공저 다수

■ 전화 : 010-4553-5664
■ e-mail : sas216312@naver.com

백년의 울림

유관순 열사의 제99주기 추모제가 열리던 날
천안삼거리 흥타령축제가 성황리에 열리고 있었다
남녀노소 시민들은 물론 세계 각국의 춤군들이 모여
한판 춤 경연을 벌이는 거다
봄꽃부터 겨울눈꽃까지 사계절내내 각 지자체마다
국내 2천여 가지나 되는 우리나라
참새가 날아가는 모습만 보아도
까르르 웃음이 난다는 이팔청춘의 나이에
내어줄 목숨이 하나뿐인 게 유감이라는
유관순 열사가 피와 함께 토해낸 말
100년 전 김구 선생님을 비롯 33인 외 수많은
무명의 독립운동가의 숭고한 희생이 없었다면
우리가 단 한 가지의 축제라도 즐길 수 있었을까
오직 나라를 구하겠다는 우리말을 지키겠다는
선열들의 사명감이 없었다면
우리글을 자유롭게 표현할 수 있으며
시 한 줄 쓸 수 있었을까

학도병의 모진 고문과 흘린 피가 없었다면
우리가 과연 맛집을 찾아다니며 식사를 하고
예쁜 까페까지 찾아 다닐 수 있었을까
그분들의 백년 전 울림으로 말미암아
우리가 축제처럼 살아가고 있음을
뼛속까지 느껴야 합니다
우리가 당면한 숙제들은 어떻게 풀어내야만 할까요
100년 후
우리는 후손들에게 또 어떤 축제같은
울림이 있는 나라를 물려 주어야 할까요.

일봉의 봄

일봉초등학교 운동장 사이에 소녀의 봄이 살고 있다
아지랑이 잡으러 쫓던 그 드넓었던 운동장이
왜 이리도 작아 보일까
마음은 두고 몸만 나갔다 온 사이 작아진 걸까

오랜만에 들른 발길 옆으로
해묵은 쥐엄나무열매 툭 떨어져
그동안의 안부를 묻는다

고무줄놀이를 끊어 가 버린 그 소년은
어디선가 나처럼 늙어 가겠지

도루코 면도칼을 접으며
단 한 번이라도 고해성사를 했을까
눈치없이 울리는 배꼽시계 탓에 은밀히 숨어 있던
도시락 뚜껑이 망설임 없이 열리고

프리미엄 없는 땅따먹기는
하루를 서산 밑으로 구겨넣고는
정지되지 않은 시간을 되돌려본다

일봉산에서 마중나온 아카시아 향이 스칠 때

유년의 친구들이 보고 싶은 참 맑은 날
핀치기 비석치기 공기놀이와
향긋한 냉이무침을 넣고버무려
기울어 가는 저녁 모서리의 여분을 채운다

아, 그때
몽당연필 주우러 마룻바닥 밑으로 기어들어간
아이는 아마도 희망을 주워들고 나왔겠지
살아가면서 바닥을 칠 때마다
그 바닥을 짚고 일어날 용기를 얻었겠지
천둥번개 치고 비 온 뒤에야
아름다운 무지개를 볼 수 있듯이
빼앗긴 들에도 봄은 왔듯이
결국 봄은 오고야 만다네
차령산맥 우뚝 솟은 기개
정기받고 자라난 일봉인이여
삶의 원동력이되는 동심이여
영원하리

가을 운동회

파란 하늘
만국기 아래로 고추잠자리는
신나는 운동회를 가지고 날아왔다
잠시 일손 멈춘 옆집 영감님
아침부터 아끼던 하얀 고무신을 닦으며
콧 노래를 부르신다
서랍 깊숙이 아껴 두었던 동동구르무와
월남치마로 한껏 멋을 낸 아낙들
동구밖 코스모스도 덩달아 춤추는 동네 잔치였다
무슨 상이든 단 한 번만이라도
받아보는 게 소원이라는
공부가 꼴등인 아들과 엄마가 손잡고 달리기에
체면도 신발도 다 벗고 뛰어보지만 또 꼴찌
청군 이겨라, 백군 이겨라
이쪽 편아 잘해라, 저쪽 편도 잘해라
우렁찬 응원에 잡아당기다 끌려가는 줄다리기에
애태우던 부모님들 슬쩍 줄 끝을 잡아당겨 본다
터질 듯 말 듯 오재미가 터지면서 점심시간을 알리자

뱅글뱅글 긴 실에 꿰인 찐밤과
채 여물지도 않는 애기고구마
그리고 칸칸이 가득 채워온 꽃무늬 찬합이
서둘러 운동장가에 자리 잡는다
운동회가 그리워지는 가을이면
내 머리 위에서 잠자리 떼지어 잉잉거린다
아! 손목에 찍힌 동그란 2등 빨간도장처럼
지우고 싶지 않은
아름다운 추억의 편린들이여~~

손칼국시

치대고 치대어 촉촉하기가 아기피부 같고
봉긋하기가 처녀 젖가슴 같은 밀가루반죽

손바닥만한 땅 한 평 없는 한을
보상이라도 받으려는듯
홍두깨에 있는 힘껏 넓히고 넓혀 고운 분 얹어
켜켜이 접은 밀가루반죽

큰 월남냄비에 싸리나무 담에서
금방 따온 애호박 하나
숭덩숭덩 썰어넣고 끓여낸 칼국시

마당 한켠 모기불 피워 놓고 멍석 두 개 겹쳐 펴고
옹기종기 둘러앉은 아홉 남매가
허겁지겁 허기를 채우던 어머니의 칼국시가
오늘같이 가슴시린 날에는 그립습니다
어디 그리운 게 칼국시 뿐이겠는가.

고주배기

살짝만 툭 건드려도 힘없이
스러지고 마는 고주배기는
부모님 몸을 닮았지
손으로 살살 만지기만 해도
아스러지는 나무가루는
식솔들 거두느라 삭아버린
부모님 뼈를 닮았지
숭숭 구멍난 그곳으로
계절은 빠져나가 흔적도 없이 사라져갔지
아궁이에 하나 가득 넣어 놓고도
비어 있다며 연실 밀어넣는
아! 그 사랑
가슴속 깊이 지금도 타고 있지.

낫

우리 집은 꼭두새벽부터 전설의 고향이 시작된다
쓱싹쓱싹 쓱
쓱쓱쓱 쓱싹
유년시절 낫 벼리는 소리에 잠이 깨고
다시 스르르 잠이 들었다
서슬 퍼렇게 벼린 낫으로 소꼴을 베고
참깨 · 들깨 · 논두렁 · 밭두렁을
수십 년을 베이셨고 가끔 손도 베이셨지
그 많은 식솔들 거느리시느라
가슴인들 수없이 베이셔서 상처투성이셨겠지
타고난 부지런함을 숙명처럼 여기고
체념하고 베고 또 베셨지
얼마나 많은 날들 낫을 갈았으면
벽돌같이 네모 반듯한 숫돌이
비스듬히 닳아 맨질맨질한게
꼭 말안듣는
미운 네 살배기 같았지

쭈그리고 앉아 낫을 벼리시느라
닳고 닳아 삭아버린 무릎
내 아버지의 별명은 숫돌이었지
'낫 놓고 기역 자도 모른다' 는 속담을
내 나름대로 재해석해 본다면
자식 위해 밤낮을 가리지 않고
퍼렇게 멍든 내 아버지의 낫은
낱낱이 기억되어야 한다.

우산

잃어버리기 위해
태어난 너
구멍나고 찢기면 부끄러워 자연스레
뒷쪽으로 살짝 돌아가는 너
살이 꺾이고 뒤집히면
가차없이 버림받는 너

우산 없이 나섰다가
지나가는 비를 만나면
살이 부러지고 찢어져 버린 우산일지라도
어찌나 반가운지
누군가 잃어버린 우산은
잠시동안 비를 피할 수 있으니
얼마나 감사한지

일기예보만 믿고 고급우산을 챙겨나온 날
하필 햇볕이 쨍쨍 너무 맑은 날
나 혼자 그것도 장우산 들고 다닐라지면

민망하고 또 얼마나 짐이 되는지
그럴 땐 버리기엔 아깝고
의도적으로 잃어버리고 싶은 너
다음 비 오기 전까지
자연스레 잊혀지는 너

다음 생에는
우산 말고
뒷동산 앞동산도 말고
큰 산으로 태어나거라.

별거

별밤에
별보며 한 잔 하는 거
별 헤는 거
별 헤다 잠드는 거
별일도 다 있는 거
별거 별거 다 해보는 거
해 보면
별거 아닌 거.

감기와 사랑

한 번 걸리면 아플 만큼 아파야

나을 때가 되어야 낫는 거

눈물과 콧물이 나는 거

밤이 되면 더 심하게 열나고 아픈 거

다시는 안 걸리고 싶지만

또

걸리고 마는 거.

노을

시어머니 몰래
마실 나온 새색시가
낮술 한 잔 하고 부끄러워
빨간 얼굴 감추려
서둘러 집에 가는데
노을 환장하게 붉어
얼굴 더 타오르네.

김 송 학

- 인천 출생
- 문예사조로 시부문 등단
- 동국대 영문학과/ 고려대 경영학 석사
- 한국하니웰 공장장 역임
- 에이스테크놀로지 대표이사 역임
- 시울림 4~8집 공저
- 제주도에서 서양화 작품활동
- 2015년 국제 작은 작품 미술제 참가
- 제5회 그룹 산마루전 참가
- 제6, 7, 8, 9회 그리메 회원전 참가

■ 전화 : 010-2402-4510

■ e-mail : Songhawkkim@hanmail.net

순리

한 살 나이를 더할 때마다
만이라고 한 살 덜어내 본다

육십이라는 숫자가
눈에 어른거릴 때 아마도
그때부터 생긴 습관일 게다

육십부터라는 말에 깜빡 속아
어영부영 문턱을 넘자마자
깊은 세월의 늪에 빠져 허둥대는
겁먹은 아이가 되었지

자식 나이를 곁눈질하면서
팔순 노모 나이에서
내 것을 빼곤 했었는데

엄니 보내드리고 나니
위로는 뺄 곳이 없어

뚫린 천장이 서늘해진다

그렇게 밀물이 썰물 되는 것을.

고백

마음이 넉넉한 날에는
사랑한다고 말하고 싶어요

마음이 짠한 날에도
사랑한다고 말하고 싶어요

입술 살짝 떼면 될 일인데
사랑은 글자로만 입에 가득

말할 수 없을 때가 되어야
삼킨 사랑 다 토해 낼까.

봄에 지는 잎

낙엽 지고 긴 겨울
생각만으로도 아프다

생이별 없는 늘 푸른 숲 곶자왈
가을엔 한사코 낙엽 떨구지 않고
함박눈 이고 파랑으로 아우성

오월 귤꽃 향기 그윽한 날
꽃 진 자리 여린 잎 아롱거려야
슬며시 자리를 내어 준다

서둘러 마음 아프지 않게
잎 진 자리 쉬이 아물도록
파랑으로 그렇게 지고 싶다.

강물처럼

안타까움은 돌이킬 수 없음이라

이제 볼 수도 만질 수도 없는
내 발등을 적시고 흘러간 강물
볼을 스쳐 간 바람결이려니

칫솔에 치약 묻히고
멍하니 손을 놓으시던
화창한 오월 어느 날

묵언으로 작별을 고하시며
끈질긴 인연을 떠나보내신 날

눈물 닦지 말고 흐르게 하라
강물로 흘러 바람에 날리도록.

결혼 시계

사십년을 간직한 징표
간만에 산책길 동행한다

누가 시간을 묻기라도 하면
이내 손목을 번쩍 들어
귀한 시간 내어주던 넌
그 시절 유일한 내 자존심

무수히 스쳐 간 인연들 중
묵묵히 자리를 지켜준 너

베개 맡 낭랑했던 초침소리
이제는 잘 들리지 않는 걸 보니
너만큼 나도 연식이 오래되었구나

힘에 부쳐 조금 느려지고
여기저기 생채기 보이지만
그래서 더 정겨운 결혼 시계.

그리메

그것은
파도처럼 떠밀려 살아온 삶
하얀 캔버스를 마주하고
망각 속의 추억을
올올이 색으로 풀어보는

누구의 간섭도
허락하지 않는 공간에
물과 기름만이 어우러져
나만의 호젓한 숲길을 내보는

내가 걸어온 길
그 소중했던 시간들을 불러내
내 안의 소리에 귀 기울이며
참된 나를 찾아가는 붓질이다

*그리메 : 작가가 제주 이주 후 5년째 몸 담고 있는 그림 동아리.

화해

눈 감아도 보여
귀를 막아도 들리고
몸으로 느껴지는 부모님 사랑

가슴 속 깊은 생각이
잠결에도 핏속에 스며들어
심장이 요동치는 자식 걱정

살랑이며 속삭이는 잎새들
판상근 드러낸 고목에
틈새 빛 한줄기 쏟아지는 곳
곶자왈 숲에 서면
강퍅한 마음이 스르르 녹는다

* 판상근 : 돌이 많은 곶자왈에서 생존을 위해 지표면에 판자의 형태로 공기 중 수분을 섭취하는 나무뿌리

눈으로만

이른 봄 너울너울
향기 따라가니
양지바른 곳에 피어난 별 꽃무리

천사의 향기
백서향 한 줄기 꺾다가
지킴이 한테 들켰다

벌금에 고발 대상이라고
싹싹 빌며 생각한다
이제는 정말 착하게 살자.

국 미 나

- 2007년 한국문학세상 시부문 당선
- 2007년 국보문학 수필부문 당선
- 2007년 전국 리폼공모전 동상 수상
- 2014년 국토해양부 예술도예부문 입선
- 한국문인협회 회원
- 충남 예술인협회 작가
- 망향의 시울림 이사
- 한국문협 천안지부 회원

- 시집 : 『비와 나만의 속삭임』
- 수필 동인지 : 『초록과 만나다』 외 다수
- 공저 : 『허공의 춤』 외 다수

■ 전화 : 010-6799-3949

■ e-mail : jqka1211@hanmail.net

가을 · 1

가을은 사랑이고
가을은 쓸쓸하고
가을은 외롭고
가을은 당신이 내 모습이 되고
나는 당신의 모습이 되어
서로 마주 보며 서성이는 계절

가을바람 사이로
허공을 휘저으며 한 잎, 두 잎
떨어지는 낙엽이 아름다운 계절

아무 생각 없이
그저 붉게 물든 단풍만 보아도
눈시울 붉게 물드는 가을

사랑합니다
보고 싶습니다

그립습니다 언어가
제법 잘 어울리는 가을

단풍 그늘 아래 서면
마음도 곱게 물드는 가을.

가을 · 2

여름을 다 버리고 마음 안에
가을을 채웁니다
고운 잎 쌓인 발길에 바람이 붑니다
나의 삶 어느 순간이 이리 고왔을까요

억새바람 스치는 가을
소리가 슬픕니다
슬퍼서 슬픈 게 아니고
마음이 가을이라 쓸쓸하기 때문입니다

단풍잎 고운 날
사랑이 곱게 물들여집니다
사랑이 떠나지 않고 머무는
아주 멋진 가을
그대와 나 단풍 듭니다.

잘 먹고 잘 사는 법

작은 것을 만들어 나누고
서로 마음의 디딤돌이 되어
믿음으로 대하고

작은 것에 감동받아 감탄하고
내가 주인공이 아닌
지구의 삶을 살아가는
모든 이들이 주인공이라 생각하고
집중해주는 사람은
잘 먹고 잘 사는 사람입니다

소확행
작은 행복이 마음 안에서 샘물처럼
항상 솟아납니다.

선물

책 선물 받은 날은
책 한 권 머리에 이고
끝 보이지 않는 하늘을 걷는다

걷다 걷다 지치면
긴 숨 내쉬며 구름 위에 앉아
쉼 하고 책과 또 걷는다

걷다 안개비
둥근 무지개 만나면
아름다운 무지갯빛 마음에 새기고
그 마음 잊지 않고
글귀 잘 담아 양식처럼 쓰겠다.

사랑

동이 틀 때부터
해가 질 때까지
곁에 있고 싶은 사람아

온종일 함께하고
늘 마음에 뿌리내려
그리움 보고픔이
가시처럼 박히는 사람아

잠시라도
못 보면
애가 타는 사람아.

행복한 책방

책 속의 언어들이 다가와
친구 하자고 속삭입니다
어느 사람이든 책을 많이 읽는 사람과
아주 친한 친구 하자고 말을 건네며
모모 같은 친구가 되어주고 싶습니다

가을이 성큼 마음에 닿았습니다
새로운 책 향기 맡으며
마음의 스토리 엮어놓을 때입니다
사랑하는 사람들과 추억 쌓기
좋은 가을날 책방에 앉아
서로 책 나눔 하며 다정한
정 나눔 해보세요
행복한 시간 책방에
금세 붉은 노을빛 찾아듭니다

가을 언어를 줍는 소중한 시간을
보내고 있습니다

삼사일언(三思 一言)

분홍 입술 야무지게
다문 갯메꽃

사람의 입술은 붉게 활짝 펴
팔랑귀 가진 이에게
쓸모없는 말
가득 불어넣어
언제 빵 터질지 모르는 풍선

내가 뱉은 말 부메랑효과 되어
다시 돌아와 귀딱지 앉네
가는 말이 고와야
오는 말도 곱습니다

세 번 깊이 생각하고 한 번 말하기.

밥도둑 고들빼기김치

이틀 달밤 잠재워 담갔습니다
가을날 속 쓰림에 좋은 보약
고들빼기김치 쌉싸름한 맛이
개운합니다

밥도둑이 맞으니 빼기가
맞습니다
고봉밥 한 그릇에 고들빼기김치
얹어 먹음 보약입니다.

윤 수 아

- 문예사조(수필) · 지구문학(시) 등단
- 문예사조 편집국장 · 지구문학 편집장 역임
- 한국문인협회 회원
- 한국문인협회 서울시지회 이사
- 시울림동인 회장
- 구로문인협회 회장
- 시낭송지도자
- 시집: 『시 그거 얼마예요?』 외 2권

■ 전화 : 010-5291-5522

■ e-mail : sooah83@hanmail.net

숟가락과 삽

둘은 오늘 내 발밑을
움푹하게 자꾸 파고든다

스프링처럼 튀어오르는 햇살이
가슴을 찌를 때의
더러 아찔한 현기증
파노라마처럼 밀려오는 세상의 무늬
어제까지 나무에 매달려 있던 꽃잎은
떨어졌다는 사실을 모른 채
나무 아래 뒹군다

아직 서성거리는 작년의 낙엽
운명이 서로 다른
낙화와 낙엽

숟가락은 낙화를 퍼올리고
삽은 낙엽을 파내리고
엇갈린 이율배반의 운명은…….

고스트 워커(Ghost worker)

데이터 문지기는 오늘도
단 한오라기의 오차도 허용되지 않는
온라인 플렛폼
포털기업 데이터 센터에서
잠들지 못하고 유령처럼 서 있다

무인화(無人化) 자동 시스템의
편리함이 빚어낸 숨겨진 허구

없으면 안되는 일인데
눈에 보이는 성과는 없다

밤새 디지털 막노동에 시달리다
빨갛게 충혈된 풍선 같은 눈동자

유령노동자의 등 뒤로
새벽안개가 하얗게 내리고 있다.

100년의 강물은

–3.1절 100주년에 부쳐

저항의 깃발 들고
일제와 맞서 싸우던 애국의 물결은
진정한 민주공화국을 염원하던
독립투사의 피와 눈물로
한강에서 발원하여
양양의 만세고개를 넘어
아우내장터 외침소리따라
100년을 그렇게 흘러왔다

갈등과 이념을 넘어서
지금 뉴욕 맨하튼 다그함마르셸드 광장에서
울려 퍼지는 저 이국의 만세물결은
또 어디로 흘러가는지

34번째 민족대표 스코필드 박사
영상으로 만나는 캐나다 독립운동가

파란 눈 깜빡이며 눈물 흘리는 그분은
스코필드의 후손임을 직감했네

100년의 강물은
천년을 또 그렇게 흘러갈 것이리니…….

M의 운동화

예전, M의 신발은 늘 낡아 있었다

흙과 나무부스러기로 범벅된
M의 고무신을 보면
그날 어디만큼 헤매고 다녔는지
힘겨운 삶의 무게를 이고
그 무게를 덜어내기 위하여
얼마나 머리를 조아렸는지
그땐 정말 몰랐었다

지난 여름, 내가 사드린
엄마의 운동화
일 년이 훨씬 지났음에도
새딱지 그대로다

삶의 최전선에서
세상을 휘젓던

어머니의 불규칙한 발자국들은
이렇게 그대로 묻히고 말 것인가

걷고, 또 달리고
그저 앞만 보고 뛰었을
엄마의 고단한 세월이
고스란히 신발에 담긴다.

잠

삶의 고단한 능선
막다른 골목 서쪽 끝에서
태양의 열기가 식어가고
어둠이 스멀스멀 기어오는 밤에
가장 달콤하고도 부자비한 폭군으로
나를 진정시키는 안온한 유혹

어떤 진취적 열정도
맹렬한 욕망도
끝내 일자로 납작하게 때려눕히는
무언의 습격자

신비로운 숲속 어딘가에서
거대한 잠의 정령이
긴 머리를 질질 끌고
사라지는 듯 다가오는
무중력 꿈의 날개.

소나무

눈뜨면 나의 창가에
생명의 숨소리 들려주는 소나무
푸른 목숨 키우며
온 힘 다하여 피운 잎에는
우주의 신비를 담았구나

먹구름 속에서 피어나는
한 줄기 햇살처럼
꿈과 희망을 내게 주었지

오랜 세월 희로애락을 함께한
강인한 생명력은
우리 민족의 기개를 닮았구나

날마다 날마다 밑거름 주며
하늘에서 받은 큰 빛으로
사시사철 푸르게 푸르게
더욱 튼실히 뻗어나가리라.

버닝 썬(Burning Sun)

태양이 불탄다
지난여름의 폭염에
지구가 녹아내릴 듯 숨막혔는데
얼마나 더 뜨겁기에
태양마저 삼키려는가

허리우드 액션 어드벤쳐의
영화제목이 아니다

사회 상층부 강남의 남성권력과
폭력의 실체가 도사리는 곳

불타는 청춘의 욕망이 빚은
가학적 증상을
우린 버닝 썬이라고 명명한다.

*버닝썬 : 강남의 유흥주점 이름

손목과 발목 사이

시공간이라는 무대 위에서
광대는 춤을 추고
평화의 길로 가는 두 정상이
나란하게 걷고 있다

발목을 잡았던 지난날의 과오
역경을 딛고 모든 것을 이겨내고
여기까지 왔노라
덥석 손목을 잡는 당찬 사나이
끌어당기는 키 큰 사내의 손마디에
불끈!힘이 주어진다.

하나를 꿈꾸는
단절의 길은 소리 없이 열리고
손목과 발목사이의 짧고도 먼 간극은
하나씩 하나씩 좁혀지고 있는 걸까.

詩울림同人 연혁

2010. 7. 15	「대한민국시인들」 창립총회 및 동호회 카페 개설 여의도 선상카페 「한강파라다이스」 cafe.daum.net/ koreanpoetsbest
2010. 8. 6	제1회 시낭송회－보령시 「토파즈」
2010. 8. 27	제1차 정기총회－서울 사당동
2011. 4. 25	동인지 「하늘꽃 바람으로」 및 최용광 회장 시집 「파란 자유」 출판기념회－서울 한일장
2011. 7. 6~7. 12	4개국 성악가 초청 한국공연 －시낭송 및 시 퍼포먼스 협연
2011. 8. 5~8. 6	2011년 하계세미나 개최 및 9회 해변시낭송회 참가－보령
2012. 8. 24~8. 25	2012년 하계세미나 및 개화예술공원 시 낭송회 개최－보령 개화예술공원 특설무대
2012. 9. 11~10.25	‘발길이 머무는 시화전’ 개최－지하철2호선 시청역
2012. 10. 20	김삿갓축제 참가－강원도 영월
2012. 10. 26~ 12. 25	‘발길이 머무는 시화전’ 개최－지하철4호선 서울역
2012. 12. 7~12. 8	동인지 제2집 「허공의 춤」 출판기념회 및 송년 정기총회－보령 성주산 자연휴양림
2013. 1. 11~12	강릉 문학기행－선교장, 허난설헌 생가 답사
2013. 2. 23(토)	정기모임－인사동 인사골

2013. 4. 27(토)	동인명 변경: 대한민국시인 → 시동인 피아(彼我)
2013. 5. 2(목)	시연구회 모임 발족-매주 목요일 오후 5시 30분, 수도여고 세미나실
2013. 6. 29(토) 오후 5시	정기모임 및 동인지 제3집 「피아(彼我)」 출판기념회 -대한민국 예술인센터 회의실
2013. 8. 31	하계 세미나-충남 보령 토파즈-대명정
2013. 10. 26	정기 모임-서울 인사동 인사골
2013. 12. 7	정기모임 및 송년회-충남 보령 토파즈
2014. 2. 22	정기 모임-인사동 인사골
2014. 4, 26	정기 모임-인사동 아리랑 가든 - 신작시 합평회
2014. 6. 20	동인지 제4집 「별, 내게로 오다」 출판기념회 및 정기 모임-보령 토파즈
2014. 8. 23	정기모임 - 인사동 아리랑 가든 - 작품 품평회
2014. 10. 25	정기모임 - 윤동주시인의 언덕 탐방(종로구 부암동 소재) 야외 시낭송회
2014. 12. 5~6	정기모임 - 보령 성주산 자연휴양림 테마시 "자화상" 작품토론 및 품평회
2015. 2. 28	정기모임 - 천안 호박마을-작품 품평회
2015. 4. 25	정기모임 인사동 시가연-공동낭송시-이건청의 "산양" 암송
2015. 7. 18	정기모임 - 인사동 시가연 -동인지 편집회의 및 출판기념회 토의

2015. 8. 29	정기모임 – 종로3가 "미미끄" 동인지 제5집 「사랑할 수 있을 때」 출판기념회
2015. 12. 18	보령 정모–오금자 부회장 집, 보령화력본부 견학(1박 2일)
2015. 2. 27	정기 모임 – 인사동 시가연–시낭송회
2015. 6. 25	정기 모임– 인사동 시가연 –동인회 명칭 변경–시동인 피아(彼我)에서 "시울림동인"으로 개칭(찬성율 80%) 통과됨
2015. 8. 27	정기 모임 – 보령 성주산 펜션, 보령 죽도 상화원 (1박 2일)
2016 4. 23	정기 모임 – 여의도 웨딩컨벤션–윤수아 부회장 장녀 결혼과 함께하다.– 후 한강유람선에서 선상시낭송회
2016. 11. 12	동인지 제6집 출판기념회–신도림 푸르지오 그린아트홀
2017. 2. 25	정기 모임–천안
2017. 3. 11	고 최용광 시인 시비 제막식
2017. 6.	정기 모임–보령 상화원
2017. 8. 19	숲속시낭송회–보령낭송인회와 collaboration
2017. 8. 24	정기모임–종로3가 「미미끄」
2017. 10. 28	동인지 제7집 「길」 출판기념회–종로3가 미미끄
2018. 1. 6	정기모임–신도림 테크노
2018. 3. 24	정기모임–신도림 디큐브
2018. 5. 26	정기모임–길상사(성북동)
2018. 8. 25	정기모임–천안 국미나 시인 별장 (1박 2일)
2018. 11. 24	동인지8집 출판기념회–안동 강노을펜션 (1박 2일)

2019. 3. 23	정모(화성 용주사) 정미나 시인집 방문
2019. 7. 22	보령시인학교 참가(6명)
2019. 11. 30	정기 모임- 화성
2021. 5. 22	정기 모임- 화성 궁평항
2021. 11. 27	정기 모임- 천안
2022. 5. 28	정기 모임- 천안 국미나 시인 별장

시울림동인 9

비탈길에 서면

인쇄 2022 년 11 월 18 일
발행 2022 년 11 월 26 일

지 은 이 | 시울림동인
편집위원 | 윤수아, 권용태, 이준실
펴 낸 이 | 김효열
펴 낸 곳 | **을지출판공사**

등록번호 | 1985 년 2 월 14 일 제 2-741 호
주 소 | 서울시 마포구 양화진길 41, 603호
우편번호 | 04083
대표전화 | 02) 334-4050
팩시밀리 | 02) 334-4010
전자우편 | ejp4050@hanmail.net

•

시울림동인 카페
http://cafe.daum.net/koreanpoetsbest

값 15,000원

ISBN 978-89-7566-212-6 03810